CATALOGUE

DES TABLEAUX

ÉTUDES PEINTES ET DESSINS,

De feu Achille Etna MICHALLON,

Pensionnaire du ROI,

Dont l'EXPOSITION PUBLIQUE aura lieu les 22, 23, 24 et 25 Décembre 1822, depuis midi jusqu'à quatre heures de relevée, rue de Grenelle-Saint-Germain, N°. 86;

Et la Vente aux enchères, les 26, 27 et 28 suivant, à 6 heures précises de relevée, dans le même local ;

Par le ministère de M. MASSON de SAINT-MAURICE, Commissaire-Priseur, rue Montmartre, N°. 135;

Et sous la direction de M. HENRI, Commissaire-Expert du Musée Royal, Boulevard Poissonnière, N°. 20.

———————————

Se distribue à Paris, aux deux adresses ci-dessus.

———————————

1822.

DE L'IMPRIMERIE DE NOUZOU , RUE DE CLÉRY , N⁰. 9.

TABLEAUX
ET ÉTUDES PEINTES.

1—Vue d'un site pris à mi-côte du Vésuve; étude peinte sur papier et terminée dans les fonds. (1)

2—Belle étude faite à Papinio, près Terni, au coucher du soleil, et dont les fonds sont à peu près achevés.

3—Vue du Pont nommé *Ponte rotto*, étude avancée, faite dans Rome, par un temps orageux.

4—Etude faite au soleil couchant et représentant une vue du Tibre, prise à *Ponte-Mole*.

5—Vue de Castel-Gandolfo ; étude heurtée, faite au soleil levant.

6—Ruines du temple d'Antonin et Faustine, dans le *Campo Vaccino* à Rome. Cette étude est largement peinte.

7—Vue prise sur la route de Falerne à Naples ; étude très-avancée.

8—Vue de Grotta-Ferrata, étude avancée et d'un grand effet.

(1) Cette étude et les suivantes, jusqu'au N°. 72, sont peintes sur papier et collées sur chassis tendus de toile.

9—Vue d'une partie du Palais de la Reine Jeanne, à Naples.

10—Vue prise sur le bord d'un lac et représentant des montagnes éclairées par le soleil couchant.

11—Vue prise de Frascati, au coucher du soleil et représentant une immense plaine, voisine de Rome.

12—Montagne voisine de Subbiaco ; étude heurtée.

13—Voûtes du Colysée, au soleil couchant. On voit à travers l'une d'elles, l'arc de Constantin.

14—Etude avancée offrant une partie du *Campo Vaccimo* à Rome. On y remarque l'arc de triomphe de Septime-Sévère, et les trois colonnes restant du temple de Jupiter Stator.

15—Vue du lac de Côme, au soleil couchant.

16—Vue, au soleil levant, d'un autre lac, entouré de montagnes. Les fonds de cette étude sont achevés.

17—Etude rapidement jetée sur le papier, et représentant un site des environs d'Ardia.

18—Ruine de Pompeïa ; étude avancée et d'un effet piquant. Dans le lointain on aperçoit le Vésuve.

19—Vue du lac de Garde, au coucher du soleil ; étude d'une belle couleur, pour un fond de paysage.

(5)

20—Etude de montagnes, faite au coucher du soleil, près du lac de Côme.

21—Vue d'une partie du lac de Nemi, par un temps orageux ; les premiers plans sont heurtés.

22—Vue prise sur le bord de la Méditerranée, près d'Amalfi, le ciel étant nuageux : étude un peu heurtée.

23—Vue du Vésuve pendant la nuit. Un moine accompagné de plusieurs autres personnages voyagent à la clarté d'une torche.

24—Etude avancée faite près de Naples, sur le bord de la mer et au lever du soleil.

25—Montagnes situées près de Subbiaco, étude rendue, faite dans la matinée.

26—Vue prise de la *Villa Aldobrandini*, à Frascati ; elle représente une immense plaine éclairée par le soleil couchant. Cette étude est une des plus admirables de la collection ; les fonds en sont chauds, vaporeux, brillans et aussi rendus que dans un tableau peint avec beaucoup de soin.

27—Vue prise dans Tivoli, à l'endroit d'où se précipite la fameuse cascade si souvent peinte par les paysagistes anciens et modernes : étude faite au soleil couchant.

28—Montagnes des environs de Subbiaco, étude heurtée avec ciel nuageux.

29—Autre étude de montagnes, faite dans le même en-
    droit, par un temps pluvieux.

30—Vue de la vallée et d'une partie de la ville de Tivoli.

31—Vue prise dans Tivoli près du pont rompu ; étude
    peu rendue, mais d'un grand effet.

32—Étude heurtée représentant la partie inférieure de la
    grande cascade de Tivoli.

33—Cascade de Terni. Ce morceau est en grande partie
    achevé.

34—Vue de la *Cava*, dans le royaume de Naples ; étude
    avancée.

35—Vue prise sur le bord de la Méditerranée, près
    d'Amalfi ; étude heurtée.

36—Etude avancée représentant l'intérieur d'un souter-
    rain voûté, situé sur la route de Castella-Mare.

37—Cascades de Tivoli ; étude avancée, de l'effet le plus
    piquant.

38—Partie de la grande Cascade de Tivoli, étude avancée.

39—Vue prise à Amalfi.

40—Vue prise dans les environs de la Cava : étude avan-
    cée.

41—Etude heurtée, faite au pied de la montagne de Tivoli.

42—Grande étude peinte sur toile et terminée, réprésentant le bas de la grande cascade de Tivoli.

43—Etude de ciel nuageux.

44—Vue de l'Etna : étude heurtée, faite au soleil levant.

45—Vue de l'Etna, prise de Catagna, au coucher du soleil.

46—Carrières de Syracuse, étude heurtée.

47—Vue du moulin de la *Cava*, étude avancée, ornée de figures.

48—Ravin de Sorrento, étude ornée de figures et très-avancée.

49—Chapelle de Madone, sur un rocher dans la Calabre.

5o—Carrières de Syracuse, étude d'un grand effet et heurtée

51—Etude faite en Sicile, sous un ciel nuageux. Sur le premier plan, on remarque les ruines d'un ancien théâtre, et dans le fond, le mont *Etna*.

52—Rochers entremélés de broussailles.

53—Rochers et mer agitée, étude faite sur le bord de la Méditerranée, près de Naples.

54—Rochers et ciel nébuleux, étude faite près d'Amalfi.

55—Cascade de Giesback, en Suisse.

56 — Source du Rhône.

— 57 — Etude terminée, faite à Arcueil. Elle est enrichie de figures.

— 58 — Cascade roulant sous des arbres, entre des rochers, étude terminée, faite en Auvergne.

— 59 — Glaciers situés en Suisse.

— 60 — Montagnes sur le bord de la mer, en Sicile.

— 61 — Arbres, arbrisseaux et broussailles, étude faite dans la forêt de Fontainebleau.

62 — Intérieur de jardin, près de Paris : étude terminée.

63 — Etude faite en Auvergne, au soleil couchant.

64 — Rivière coulant sous des arbres, au pied d'un rocher : très-belle étude, faite en Auvergne.

65 — Paysanne des états romains.

— 66 — Femme de *Frascati*.

— 67 — Paysanne, un mouchoir à la main.

— 68 — Paysanne filant au fuseau.

— 69 — Paysanne assise, la main droite sur un vase.

— 70 — Ermite d'*Ischia*

71 — Esquisse de paysage, où l'auteur a représenté Henri IV et le capitaine Michau.

72—Etude faite dans les environs de Paris, et représentant des saules près d'un lavoir.

73—Troncs d'arbres sur pied et coupés: étude faite à Fontainebleau.

74—Arbres de la forêt de Fontainebleau.

75—Intérieur de forêt.

76—Tronc d'arbre déraciné par le vent.

77—Partie d'un tronc d'arbre.

78—Ferme située à Fontainebleau : étude heurtée.

79—Arbres et rochers : étude en partie rendue, en partie ébauchée.

80—Arbres parmi des rochers: étude faite avec autant de goût que de facilité.

81—Chênes et bouleaux.

82—Hêtres et autres arbres. Cette étude peinte à Fontainebleau, ainsi que les neuf précédentes, est ornée d'une figure représentant un peintre chargé de ses ustensiles.

83—Etude de paysage, faite dans un lieu voisin de Subbiaco.

84—Vue prise dans les environs de Naples, au-dessus de la grotte du mont Pausilype.

85—Chute d'eau troublée par un mélange d'argile.

86—Ruines du temple de Vénus à Baïa, dans le royaume de Naples.

87—Vue prise sur le bord de la Méditerranée. On y remarque la ville de Naples et l'île de Caprée.

88—Profond ravin à l'extrémité duquel on voit une église, sur le sommet d'une colline.

89—Vue prise en dehors des murs de Rome.

90—Vue prise dans les environs de Naples.

91—Vue de *Monte-Cavallo*, à Rome ; étude heurtée avec effet d'orage.

92—Plaine de Rome, du côté de la porte Saint-Jean-de-Latran ; temps nébuleux.

93—Partie des ruines du *Colysée*, à Rome.

94—Vue des environs de Naples.

95—Vue prise à Tivoli, par un temps nébuleux ; on y remarque le temple de la Sibyle.

96—Chemin souterrain près du lac Albano.

97—Vue de la *Villa-Borgese*, par un temps nébuleux.

98—Intérieur d'une cour ; étude faite à Rome.

99—Etude de fabriques, très-heurtée.

100—Partie des voûtes du *Colysée* ; étude heurtée, mais remplie d'effet.

101—Étude d'homme en grande partie nu. Cette figure
représente un plongeur napolitain.

102—Femme assise et joignant les mains ; étude d'après
nature.

103—Femme debout, dans le costume d'une paysanne.

104—Femme de la Suisse.

105—Musulman armé d'un sabre et de deux pistolets.

106—Vue du cap Circé.

107—Rochers mêlés d'arbres, étude pour se rendre compte
d'un effet de lumière.

108—Rochers ; étude heurtée faite sur le Vésuve.

109—Ruines du temple de Cérès, à Pestum.

110—Ruines d'un autre temple.

111—Soleil couchant, au moment d'un orage ; étude faite
dans Rome.

112—Vue des environs de Naples.

113—Sommet de montagne sous un ciel nébuleux.

114—Cratères du Vésuve.

115—Montagnes avec Chute d'eau ; vue prise dans les environs de Tivoli.

116—Cimes de montagnes, dont une couverte de neige.

117—Vue prise dans les environs de Rome ; étude pleine
d'effet.

118—Vue du Casin de Raphaël.

119—Belle étude, par un temps nébuleux et pleine d'effet,
représentant une partie des anciennes fortifications de la ville d'Ostia.

120—Vue du temple de Neptune, à Pestum.

121—Ruines du temple de Cérès, à Pestum.

122—Ruines du temple de la Paix.

123—Cascade de Tivoli ; vue prise du fond de la vallée.

124—Gorge de montagnes. On y voit une église au
pied d'un rocher, d'où se précipitent des
cascades ; étude faite en Suisse.

125—Montagne sur le bord de la mer, près d'Amalfi.

126—Cascade de Tivoli, vue du bas de la montagne.

127—Tronc d'arbre de la forêt de Fontainebleau.

128—Côtes et bords de la mer, près d'Ischia.

129—Vue de Salerne. Cette ville est située au pied d'une
montagne.

130, 131, 132, 133, et 134—Études de ciels et d'effets
de lumière.

(13)

135 et 136—Fabriques au sommet d'une montagne;
chapelle de Madone.

137—Vésuve, au moment d'une grande éruption, et vu
pendant la nuit.

138—Montagnes sous un ciel nuageux, avec effet de
soleil couchant.

139 et 140—Fabriques sur une montagne; lointains.

141 et 142—Gorge de montagnes par un temps pluvieux; effet de soleil.

143 et 144 Fabriqes; montagnes lointaines avec ciel
nuageux.

145 et 146—Arbres et rochers; montagne au delà
d'un lac.

147 et 148 —Rochers et terreins; effet de ciel par
un temps orageux.

149 et 150—Vallon baigné par une rivière; colline en-
veloppée de fumée.

151 et 152—Autel illuminé et voûte souterraine.

153 et 154—Ciel nuageux; arbres et rochers.

155 et 156—Tronc d'arbre et chapelle souterraine.

157 et 158—Espèce de réservoir, rochers et ciel.

159 à 171—Treize études de ciels.

172 à 184—Treize autres études de ciels , rochers et montagnes.

185 à 191—Sept études de ciels , lointains, montagnes, Rochers, etc.

192—Vue du Château de l'OEuf, à Naples.

193—Rochers et montagnes , près de Syracuse.

194—Effet de soleil sous un ciel obscurci par d'épais nuages.

195 à 197—Escalier dans l'intérieur d'un édifice ; arbres et rochers ; rochers couverts de fabriques.

198—Paysage vu de la *Villa-Aldobrandini.*

199 et 200—Montagne et cascade de Terni , cascade près d'un roc percé.

201—Fabriques sur le penchant d'une colline.

202—Etude d'arbres dans une forêt.

203—Montagne couverte de vieilles fortifications , sur le bord de la mer.

204—Montagne sur le bord d'un lac.

205—Ruisseau au pied d'un rocher

206—Site montagneux.

207—Rivage baigné par les vagues de la mer.

208 et 209—Cascades de Tivoli.

210—Étude faite dans les montagnes de la Suisse.

211 à 218—Huit Études de montagnes, de rochers, de ciels, etc.

219 à 223 Cinq études de ciels, montagnes et fabriques.

224 et 225—Lac entouré de montagnes ; montagnes sous un ciel nuageux.

226 à 234—Neuf études de ciels, fabriques, montagnes et rochers, les unes par un temps nébuleux, les autres au soleil couchant.

235 et 236—Rochers et chute d'eau ; rivière, cascade et chûte d'eau.

237 et 238—Couvent sur le sommet d'un rocher, partie de forêt.

239 et 240—Vue du Colysée et des fabriques environnantes.

241 et 242—Vagues se brisant contre des rochers ; courant d'eau mêlée d'argile.

243 et 244—Études de montagnes.

245 à 250—Six études de rochers, d'arbres et de chutes d'eau.

251 et 252—Lacs entourés de montagnes.

253 et 254—Broussailles et terrein ; feu d'artifice tiré
du Château Saint-Ange.

255 à 262—Huit études , tronc d'arbre, sapin, plantes
et courant d'eau.

263 à 268—Six études : figures et animaux.

269 à 274—Six études ; montagnes, ciels, arbres et
cascades.

275—Esquisse de paysage : une des pensées de l'auteur
pour son tableau de Roland.

276 à 279—Quatre études : escalier de souterrain, lavoir couvert en briques ; maison rustique et
aqueduc d'Arcueil.

280 à 284—Cinq études : troncs d'arbres , éboulement
de terrein , jeunes arbres sur un fossé au
bord d'un chemin.

285 à 287—Trois études : cimes d'arbres et lointains, tant
au soleil levant qu'au soleil couchant.

288 à 292—Cinq études : aqueduc d'Arcueil , et plaines
des environs de Paris.

293 à 298—Six études : ciel, arbres, rochers et lointains.

299 à 301—Trois études : fabriques rustiques et sites des
environs de Paris.

302 à 304—Trois études : courant d'eau et sites voisins de
Paris.

3o5.—Fabriques et montagnes, avec effet de soleil.

3o6 à 3 2o — Quinze études de ciels.

3 2 1 à 3 2 3—Trois études de rochers, faites en France et
en Italie.

3 2 4 à 3 3 4—Onze études d'arbres et de sites, faites par
Michallon, dans sa première jeunesse.

2 3 5 et 2 3 6—Deux études : courant d'eau limpide ; montagnes et lointains.

3 3 7 à 3 4 9—Treize études faites par Michallon, avant son
voyage de Rome : sites, fabriques, ciels et lointains.

3 5 o à 3 5 3—Quatre études faites auprès de Paris et en
Italie : rochers, intérieur de parc, ciels et lointains.

3 5 4 à 3 6 o — Six études de ciel et une vue de la Seine.

3 6 1 à 3 6 6—Une cascade, une vue des environs de Paris,
et quatre paysage composés.

3 6 7 et 3 6 8 — Vue des environs de Naples, site de la Suisse.

3 6 9—Paysage montagneux vu au lever du soleil.

3 7 o à 3 7 2—Sujet d'idyle : Prométhée, et paysage.

3 7 3 à 3 7 6—Rochers, marine, ruines et montagnes lointaines.

3 77 à 38 1 —Etudes de plante, de ciel pluvieux, de vaches
et d'âne.

382 et 383 —Deux paysages des commencemens de l'auteur.

384 à 393— Dix morceaux : esquises, copies, têtes, académies et paysages des commencemens de l'auteur.

394 et 395 —Deux petits paysages, composés et exécutés
par Michallon, à l'âge de onze ans.

396 à 405 —Dix études, faites en Italie : arbres, chutes
d'eau, fabriques, points-de-vue, ciels et montagnes.

405 —Grand paysage composé, dont les devans sont res-
tés imparfaits. On aperçoit, dans le lointain,
une ville située sur le bord de la mer ; en deçà,
est une fortification ; le premier plan est en partie ombragé par deux marroniers.

406-bis—Etudes de draperie, de ciel et de paysages.

407—Vingt-sept figures académiques dessinées au crayon
noir et blanc, sur papier gris-foncé.

408—Dix-sept paysages composés et dessinés aux crayons
blanc et noir.

409 - Onze paysages composés et dessinés au crayon ou
lavés.

(19)

410—Treize croquis, paysages et figures.

411—Trente-trois croquis : académies, figures d'après l'antique, etc.

412—Deux cartons ; l'un contenant cent quatre-vingt-trois dessins ou croquis de figures, de paysages, de fabriques, etc. ; l'autre, contenant quarante-sept études de plantes, arbres, paysages et figures.

413—Carton intitulé *Voyage de Sicile*, et contenant cinquante-sept dessins ou croquis de plantes, de paysages, et de fabriques tant anciennes que modernes.

414 à 419—Six carnets de croquis : paysages, figures, etc.

420—Carton contenant quatre-vingt-neuf croquis, représentant des vues de la Suisse, des rochers et quelques figures.

421—Carton contenant cent-quarante dessins ou croquis faits à Rome, et représentant des points-de-vue, des fabriques, des arbres, des rochers, etc.

422 à 429—Huit carnets de croquis : ornemens, fabriques, plantes, paysages, figures.

430 à 431—Trois carnets : croquis de figures, de paysages, et de sujets composés.

433—Petit volume contenant des figures dessinées à la

plume sur carton par Jacques Palma, peintre vé-
nitien.

434 et 435—Deux volumes de gravures représentant des
fabriques italiennes, et faites d'après les dessins de
M. Bourgeois.

436 à 438—Trois volumes de gravures, intitulés : *vetera
monumenta Matthæiorum* etc.

439—Volume intitulé *nuova raccolta rappresentante i
costumi religiosi civili e militari* etc.

140—Deux livraisons de la *Collection de toutes les espèces
de navires*, etc., etc.

441 et 442—*Iconologie tirée des divers auteurs* ; et
les métamorphoses d'Ovide.

443—Sept grandes estampes ; paysages d'après le Poussin.

444 à 446 Trois cartons contenant des calques et
des gravures.

447—Notice sur la Sainte Beaume.

448—Vingt-cinq dessins ou croquis, par MM. Alau, Dorey,
Dupré, Thomas et autres artistes.

449—Trois beaux croquis d'arbres et de paysages.

150—Carton renfermant cent trente-deux dessins ou
croquis, parmi lesquels on en remarque plu-

(21)

sieurs que Michallon a copiés, à l'âge de sept
ans, d'après des gravures du *Liber veritatis* (1)

451 à 455—Deux carnets et un carton contenant
des croquis; un autre carton renfermant un
grand nombre d'estampes anciennes et modernes; plus un troisième carton, sans numéro,
où se trouvent encore des croquis.

456—Un volume contenant les gravures faites d'après
la colonne Antonine.

457—Un recueil de cartes géographiques.

458—Chevalets, boîte à couleurs, toiles blanches, cadres
dorés, petit mannequin en bois, carnets,
médailles décernées à Michallon, quelques
livres et autres objets.

SUPPLÉMENT.

459, 460 et 461—Trois dessins à l'estompe, rehaussés
de blanc et représentant :

Renaud retenant le bras d'Armide prête à se percer le
sein avec une flèche ;

Psyché fuyant les poursuites de Vénus, et suppliant
un vieillard qu'elle aperçoit dans un ravin, de lui donner
un asile ;

Le *Liber veritatis* est un recueil d'estampes gravées, à l'imitation
du Lavis, d'après les dessins de Claude Gélée, *dit* le Lorain. Ce
peintre avait donné le même titre à un carton où il réunissait les
dessins de tous les tableaux qu'il peignait.

Venus rencontrant Enée dans un bois et lui montrant les armes qu'elle a fait forger pour lui, par Vulcain.

462—Paysage par Michallon représentant un châtaigner brisé par la foudre. Ce tableau obtint le prix dans le premier concours d'Arbre (1).

463—Paysage historique enrichi d'un sujet tiré de la tragédie d'OEdipe.

Ce Roi aveugle , chassé de son pays , accablé par le malheur , ayant pour guide sa fille Antigone , se repose dans un bois sacré , près du temple des Euménides. Des habitans du pays lui crient de sortir de ce lieu s'il ne veut attirer sur lui la vengeance de ces noires divinités.

Nota. Il n'est pas certain que ces deux tableaux soient vendus.

---

(1) C'est de ce concours que sortent les dix candidats qui ont montré assez de talent pour disputer le grand prix de paysage historique.

FIN.